VENTE LE LUNDI 20 AVRIL 1868

DEUX TABLEAUX

PAR

PATER

PROVENANT DE LA COLLECTION

A. SCHAFFHAUSEN

DE COLOGNE

DEUX TABLEAUX

PAR

PATER

PROVENANT DE LA COLLECTION

A. SCHAFFHAUSEN

DE COLOGNE

CATALOGUE

DE

DEUX TABLEAUX

PAR

PATER

PROVENANT DE LA COLLECTION

A. SCHAFFHAUSEN

DE COLOGNE

VENTE A L'HOTEL DROUOT

SALLE N° 1

Le Lundi 20 Avril 1868

A TROIS HEURES ET DEMIE

EXPOSITIONS

PARTICULIÈRE : le Samedi 18 Avril 1868,

PUBLIQUE : le Dimanche 19 Avril 1868,

DE UNE HEURE A CINQ HEURES

Me CHARLES PILLET, Commissaire-Priseur,

Rue de Choiseul, 11.

M. FEBVRE	**M. F. PETIT**
EXPERT	EXPERT
Rue Saint-Georges, 14.	Rue Saint-Georges, 7

CONDITIONS DE LA VENTE

———

Elle sera faite au comptant.

Les Acquéreurs payeront CINQ POUR CENT en sus du prix des adjudications.

On a bien raison de se passionner pour l'École française du xviiie siècle. Avec les *Jardins d'amour* de Rubens, il n'y a pas de plus charmantes peintures que les *Iles de Cythère* de Watteau, les Fêtes galantes de Pater et de Lancret, les Pastorales de Boucher, les Rêves de Fragonard.

Pater, comme son maître Watteau, est mort bien jeune, — à quarante ans! Quoiqu'il ait travaillé sans relâche, ses tableaux ne se rencontrent que par bonne fortune. Voici, certainement, ses deux chefs-d'œuvre : le *Concert champêtre* et les *Délassements de la campagne.*

Ces deux pendants ont été peints pour Louis XV, et la tradition constate que ces délicieuses femmes, si heureuses de chanter en plein air et de cueillir des fleurs aux buissons d'un parc, sont des dames de la Cour. On dit même que le galant cavalier qui prend la taille d'une jeune femme, dans les *Délassements de la campagne,* est le portrait du jeune roi Louis XV, âgé d'une vingtaine d'années, puisqu'il avait vingt-six ans lorsque Pater mourut, en 1736.

Les fatalités de la Révolution française firent passer ces trésors en Allemagne, avant la fin du xviiie siècle. Et depuis lors, — depuis trois quarts de siècle! — les deux chefs-d'œuvre de Pater furent gardés, sauvegardés et bien regardés dans la collection de la riche famille Schaffhausen, à Cologne. Les étrangers, les touristes allaient les voir, en passant.

Une chance imprévue vient de faire rentrer en France les deux exilés. Il serait bien désirable que les deux pendants ne fussent pas séparés. Les compositions sont combinées pour aller ensemble, et l'on ne saurait trop admirer comment ce délicat musicien en peinture a semé ses notes colorées pour qu'elles se répondent dans l'harmonie de son poëme pastoral. La femme debout, contre la rampe d'un escalier, dans les *Délassements de la campagne*, balance avec les pourpres de sa draperie les rouges de la pelisse de la femme penchée sur un fauteuil, dans le *Concert champêtre*. Les groupes d'arbres, les lumineuses percées sur le ciel, sont distribués également pour ménager un effet central, avec des pénombres aux deux extrémités.

Élégance des poses et des tournures, finesse exquise des physionomies, magnificence raffinée des costumes et des étoffes, merveilleuse clarté du coloris, adresse et légèreté de l'exécution, l'esprit partout, la lumière partout, le charme partout.

DÉSIGNATION

PATER (Jean-Baptiste)

1 — Le Concert champêtre.

Sur un tertre, au pied d'un groupe d'arbres,
qui ombrage le buste du dieu Pan, une jeune
déesse, assise et vue de face, tient ouvert un livre
de musique et chante ; elle a un corsage de satin
blanc et un jupon multicolore, dans des nuances
tendres, mêlées de rose et de jaune pâle. Assis
près d'elle, un homme l'accompagne sur la man-
doline. A sa gauche, est accoudée une jeune fille,
en corsage rose et jupon bleuté, avec une écharpe
blanche d'où s'échappent des bouquets. En arrière, une jeune femme appuie son bras amou-
reusement sur l'épaule d'un jeune homme à
pourpoint brun glacé d'argent. Un autre homme
assis et deux petites filles complètent ce groupe
principal.

En avant, un peu sur la droite, une jeune
femme, la tête de profil, pelisse rouge garnie de

fourrures et jupon vert, se penche sur le dossier d'une chaise où est assis un jeune homme coiffé d'une toque à plumes. Une jeune fille, en robe à ramages, agace un chien.

A droite, un portique et une colonne, et sur un piédestal la statue d'un petit génie appuyé sur un écusson. — Pour fond, un paysage poétique, extrêmement fin, avec un édifice à toit pointu, des cours d'eau et des montagnes. Effet de matin.

La légèreté de la touche dans le paysage est extraordinaire.

Toile. — Haut. 75 c. Larg. 1 m.

PATER (Jean-Baptiste)

2 — Les Délassements de la campagne.

Près d'une fontaine surmontée d'une statue de
femme et d'un Amour, une jeune femme, en
robe de satin blanc, assise, se retourne vers un
jeune homme qui lui verse à boire dans un verre
apporté par un négrillon en costume bizarre.
Une autre jeune femme, assise et vue de profil, a
le coude appuyé sur une corbeille pleine de fleurs ;
une ample draperie bleue serpente autour de sa
robe très-décolletée, en soie jaune à raies semées
de bouquets. Un peu en arrière, une jeune sui-
vante cueille des branches fleuries à un rosier ;
une petite fille joue avec un chien ; un jeune
homme prend la taille d'une jeune femme assise
et vue de dos.

A gauche, contre la rampe d'un escalier, est
accoudée une jeune femme debout, vue de dos et
la tête en profil perdu ; de la main droite elle tient
le pan d'une draperie pourpre, négligemment
jetée sur sa robe de soie noire à reflets. A droite,

en avant de la fontaine, une petite fille en robe
rose tient dans son tablier un lapin blanc.

Derrière le groupe principal, de grands arbres
légers et des buissons d'arbustes. A gauche,
échappée de paysage et fond de soleil couchant.

Toile. — Haut. 75 c. Larg 1 m.

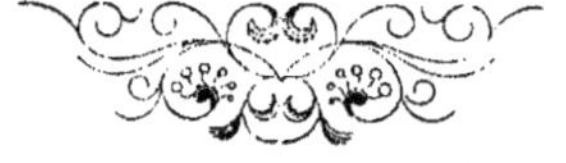

Renou et Mauldk, imprimeurs de la Compagnie des Commissaires-Priseurs,
rue de Rivoli, 114.   12807

RENOU & MAULDE

IMPRIMEURS DE LA COMPAGNIE DES COMMISSAIRES-PRISEURS

Rue de Rivoli, 144.